사진촬영_ 신경섭

김영훈

다정한 것에 대하여

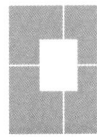

애지시선 115

다정한 것에 대하여

2023년 10월 10일 초판 1쇄 발행
2024년 3월 1일 초판 2쇄 발행

지은이 김영춘
펴낸이 윤영진
기획편집 함순례
홍보 한천규
펴낸곳 도서출판 애지
등록 제 2005-000005호
주소 34570 대전광역시 동구 대전천북로 12
전화 042 637 9942
팩스 042 635 9941
전자우편 ejiweb@daum.net
ⓒ김영춘 2023
ISBN 979-11-91719-17-8 03810
* 저자와의 협의에 의해 인지를 생략합니다.
* 이 책 내용의 전부 또는 일부를 재사용하려면 저자와 애지 양측의
  동의를 받아야 합니다.

예지시선 115

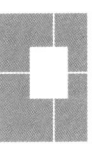

다정한 것에 대하여

김영춘 시집

시인의 말

버릴 수 없으니 품고 가게 되었다. 버릴 수 없었으니 별것도 아닌 것처럼 덤덤하게 적어 갔으면 한다. 별것이 아닌 것처럼 살았으면 한다. 돋아나는 햇살만큼이나 다채로웠던 감정의 무늬와 사소한 욕망들. 그리고 언뜻언뜻 스쳐가던 경이로운 순간들.

2023년 가을
김영춘

■ **차례**

시인의 말　005

제1부

손목　013
손가락 끝에 매달린　014
떠나는 일에 대하여　016
산책　018
다정한 것에 대하여　019
물 샐 틈 없는 인생　022
봄의 싹　025
아욱국　026
봄날에　028
양파밭에서　029
여름　030
인생　031
목포 보리마당　032
비말飛沫　033
서성였네　034
잔설殘雪　035

제2부

눈 039
거처居處 040
귀가 041
돌아오는 길 042
케이블카 043
여름 끝자리에 핀 044
사랑 046
5월 048
6월 049
세 시나 네 시쯤 050
코 고는 소리와 함께 052
얼굴 053
덕유산 돼야지 054
학교의 논 055

제3부

무우잎 059
다시 한번 060
밥 061
가객歌客 062
어머니 064
첫 시간에 066
도보다리 위에서 068
새벽길 070
뼈에 머물며 072
가을 074
농게장 075
연리지 076
만돌 갯메꽃 078
옛집 그 이후로 080
봄 길을 짐작하다 081

제4부

갈아놓은 땅　085
어느 가족　086
저물녘　087
어머니의 도마　088
어느 날　090
다시 어느 날　091
무주에서 장수를 지나 진안 넘어올 때　092
놓기 어려운　093
떨리고 말았던 어깨 때문에　094
가야사 진달래꽃　096
비둘기　097
봄날　098
좋은 사이　099
눈 맞춤　100
새해　101
무릎 뼈　102

발문 생生의 가을이 연주하는 다정 변주곡 | 복효근　103

〈일러두기〉

*본문에서 〉는 '단락 공백 표시'로 한 연이 새로 시작된다는 표시이다.

제1부

손목

술집에 앉아 친구와 이런 저런 이야기를 하다가
마음이 통해 손을 잡아가다가
눈앞의 손목이 마치 어디로 걸어 들어가는 길목 같아서
인간의 마음이 들고 나는 주택가 골목 같아서

늘 누군가의 손목을 잡고 싶어 하던
내 손목을 바라보고 있다

손가락 끝에 매달린

사과를 따는 손가락의 힘이
사과를 눌러 멍들게 할 수 있다는 말을 들었다
그러니 좋은 농사꾼은
사과를 딸 때 삯꾼을 쓰지 못하고
가족끼리만 따려고 고집을 부리기도 한다는데
껍질과 그 안의 달콤한 속살까지
함께 떠올리지 않을 수 없는 이런 말을 전해 들으면서
흠칫하지 않을 수 없었다
사과 알을 스치며 손가락의 끝을 느끼는
농사짓는 사람의 정성도 정성이려니와
봄여름 가을볕 비바람 아래서
날마다 스스로를 두껍게 하며 살아온 껍질이
끝내는 제 안의 여린 속살을 지킬 수 없었다니
마음이 아려왔다
이런 까닭에
제 손가락의 끝을 걱정하는 어떤 농부의 마음은
사과 알의 곁에 오래 머물게 되었을 테니

나무에서 사과 한 알이 맺히고 떨어지는

이 세상이란

얼마나 턱없이 눈물겨운 곳이었는지

떠나는 일에 대하여

아침밥을 대신하려고
냉장고에서 달걀 한 알을 집어 들었다
껍질에 깃털 하나가 붙어 있다

닭장으로부터 우리 집에 올 때까지
여전히 보송보송한 깃털을 보면서

그제서야 내가 사온 달걀이
어미 닭을 떠나왔다는 걸 눈치챘다

다정한 것들이
서로 헤어지는 사연을 생각하며 살아온 날들이
시 쓰는 일의 절반쯤 된다 하여도
그리 억울할 바가 아니련만

오늘 아침 달걀 한 알을 손에 쥔 채
떠나가는 일 때문에 다시 서성인다

〉
하필 아침 밥상 위에 닭의 깃털을 올려놓고
떠나게 하고 마는 일들의 견고한 바짓가랑이를
잠시 흔들어도 본다

산책

전주 한옥마을에 가면
전동성당이 있고
경기전이 있지
심지어는 동학혁명기념관도 있지
셋이서
조선 안에서 함께 지내지

죽이고 또 죽인 후에도 함께 살고 있지
망할 건 망하고 살아날 건 다시 살아나
노오란 은행잎까지 한 잎 또 한 잎 함께 나누지

우리는 지금 그 길을 나란히 걷고 있지
서로의 어깨에 마음을 기대기도 하지

가을은
조선의 바깥으로까지
길을 낼 수 있기 때문이지

다정한 것에 대하여

산봉우리에
형제봉이니 자매봉이니 하는 이름을 붙여놓고
살던 사람들이 있다
행여 사이가 좋지 못할까봐
형제자매들까지 데려다 놓고는
오래 오래 그렇게 부르고 싶었을 것이다

전주의 동학혁명기념관 앞에는
은행나무 한 그루가 늙어가면서
전봉준 김개남 이런 사람들의 눈빛을 지켜보고 있는데
무너지는 몸을 겨우 이기는 그 곁으로
열대여섯 살쯤 됐을까
싱그러운 어린 은행나무가 나란히 서 있다
요즘 식으로 유전자를 따라가 봤더니
늙은 어머니가 틀림없다고 한다
아비도 없이 어찌 아이만 남았을까
우금치 전투가 아직 끝나지 않아서

돌아오지 못하고 있는 것일까

어느 날
두 은행나무를 바라보며 앉아 있다가
사람처럼 어미와 아비를 떠올리다가
형제봉이나 자매봉을 불러보던 시간들이
그리 간단해 보이지가 않아서
몸이 슬슬 떨려오기도 했다

이 나라의 슬픔으로는
아비가 돌아오지 않는 동안에
어린 것이 어미 곁에 홀로 서 있는 정도는 되어야
인간사의 다정이 제대로 피어나는 것인가
꼭 그 정도는 되어야 하는 것인가
동학혁명기념관 앞에도 봄이 왔으므로
할아버지와 손자라면 더 어울릴 법한 두 은행나무가
어미와 자식으로

나란히 잎을 피운다

둘이서도 잘 피운다

다정하기가 그지없다

슬픔도 그 뒤를 따라가고 싶어서
서두르는 기색이 역력하다

물 샐 틈 없는 인생

변기 고치는 아저씨가 다녀갔다
무려 한 시간이 넘게
열 개쯤 되는 구멍에 작은 부품을 결합하고는
나사를 조이고 또 조였다
금이 간 변기를 교체하기 위해 새 변기를 어깨에 맨 채
휘청거리며 우리 집에 도착한 뒤의 일이다
일이 끝난 줄 알았더니
처음으로 돌아가서 다시 죄어 온다
땀이 등을 타고 흐르다가 옷을 적신다
인생의 마지막 작업을 하는 사람의 뒷모습 같았다
꼭 그렇게 죄어야만 하냐고 물었더니
물은 머리카락만 한 틈이 있어도 새어나오고 만다는 대답을
가쁜 숨을 몰아 해 준다
변기를 뜯어 낸 구멍에서는
냄새와 함께 오물이 흘러내렸다
또 다시 바닥을 물로 씻고 또 씻고

마른 걸레로 바닥을 닦고 또 닦아야 했다
무릎을 꿇은 채로 스펀지로 닦고 또 닦았다
접착제가 잘 붙을 수 있도록 그랬을 것이다
이번에는 물을 내리고 또 내렸다
아마 스무 번쯤은 족히 내렸을 것이다
좁고 냄새나는 틈바구니로 머리를 집어넣은 채
행여 새어나올 물소리와 물 자국을 따라가고 있었다
우리 집 이사가 끝난 뒤의 그날
물을 줄줄 흘리며 살아온 한 인생과
물 샐 틈 없이 살아온 또 한 인생은
숨소리를 죽인 채
흐르는 물소리를 찾고 있었다
화장실 구석으로 머리를 들이밀고 귀를 세운 채
살아가는 일이란
물이 새는 틈을 찾는 일이었을까
그런 생각에 빠져 들고 말았다
물 샐 틈 없이 살아온 그 사람과는

어떻게 헤어졌는지

악수라도 제대로 나누었는지

황망 중에 기억조차 어설프게 되고 말았다

봄의 싹

저 어린 것들

하루가 다르게 훌쩍 아름다운 것들

오래 오래 눈물겨웠던 것들

눈에 넣어두고 싶다가 그만 둔 것들

나는 어쩔 수 없었던 것들

아욱국

어린 시절 기억을 따라서
여시구렁*이 있는 산길을 넘어갔더니
국민학교를 다니던 지름길로 넘어갔더니
다행히 딱 한 집이 남아 있다
다행히 아혼네 살 할머니 홀로 남아 있다
다행히 어린 시절 내 얼굴을 기억해 준다
채전 밭으로 내 손을 잡고 가서
상추며 쑥갓이며 아욱을 뜯어 싸준다
한참이나 걸어간 나를
굽은 허리로 따라오며 불러서
각시가 도시 여자제
줄기를 끄너서 버리지 말고 쫑쫑쫑 써러서 끄리라고 당부혀어
다음날 아침상에 아욱국이 올라왔는데
쫑쫑쫑 썰어서 끓였다며
도시 여자가 맞은편에 앉아서 웃는다
〉

이제 내게서 모든 아욱국은 세상을 떠났다
쫑쫑쫑 썬 아욱국만 남고 말았다

* 고향의 낮은 산자락 마을.

봄날에

간혹
제 몸에 꽃을 매달고서는
허리가 휘는 꽃들을 보기도 한다
그런데 요놈들이
괴로워하는 빛은 눈곱만큼도 없고
발그레 웃기까지 하고 있으니
꽃의 무게가
제 아름다움의 무게라고 생각하고 있는 게
틀림이 없다
나는 그 곁을 씨익 웃고 지나치는데
절반을 넘어가도록
조금만이라도 더
그 마음을 알아주고 싶은 것이다

양파밭에서

양파밭에 양파대가 누웠다
이리 저리 뚜렷한 방향도 없이
한꺼번에 누워 있다
마치 몸이 누워 있는 것 같다
양파대가 눕고 난 뒤에 10여 일은 지나야 비로소
땅속의 멀젛던 양파 알에 누런빛이 돌고
야물어진단다
누군가를 위해 누군가는 살아온 시간이 있기 마련이지만
제대로 되는 순간까지 버티고 버티다가
한꺼번에 제각각으로 누워버리는 양파대 앞에서
쉽게 걸음을 옮길 수가 없다
이제 막 뜨거워져 가는 양파밭에서
쓰러진 양파대를 남기고
그게 누구든
양파 알과 함께 돌아서고 말 것이 아닌가

여름

여름에게선 달디 단 냄새가 난다
매달려 있는 열매에서도
숲속의 이파리에서도
오솔길의 풀무더기에서도
하나하나 달착지근한 냄새가 스몄다가 나온다
뛰어놀던 어린 것도
달디 단 땀 냄새와 함께 안겨온다
이럴 때 마당에서는
채송화와 봉숭아가 피어난다
하루 종일 뙤약볕 아래서이다
여름은 모든 것이 달디 달아질 때까지
지독하게 구워서 익히는 모양이다

인생

강가로 내려와서 물고기를 잡았더니 매운탕 집을 차리게 되더구만이요. 아이들 밥 멕이고 공부시켰죠. 물고기를 손질하던 한탄강의 할머니가 우리를 돌아보며 웃는다. 어쩌자고 서로 나란히 서 있는 건지. 강가의 갯버들은 올 봄에도 연초록이랍니다.

목포 보리마당

그저 다녀왔을 뿐인데

손끝이 스치는 자리마다 달콤한 비린내다

처마와 처마가 서로 어깨를 기댄 채

산비탈을 오른다

골목을 휘어 돌면 저절로 인생길이다

머리카락을 흩날리고도 여전히 바람소리다

잊어야 할 일을 끝내 잊지 못하듯

주인집 할머니가 내온 민어찜을 밥상 위에 놓고는

목포는 하루 종일 다시 항구다

비말 飛沫

어미 새가 먹이를 뱉어 새끼를 키우는 걸 보게 되다가

할머니가 밥 수저를 녹여 아기 입에 넣는 걸 떠올리게 되다가

코와 입을 싸맨 채 멀찌감치 서로를 살피며 살게 되다가

우리는 그동안 얼마나 많은 것들을 몸 안 깊숙이

하루도 빠짐없이 나눠왔는지 알게 되다가

서성였네

경마장 근처를 지나다가 늙어가는 말을 보았다
마침 겨울이었는데
벌판을 달리고 콧김을 내뿜는 시간을 뒤로 한 채
제 스스로의 마구간 안에 홀로 서 있었다
천천히 몇 걸음씩 오가며 자신을 느끼고 있었다
눈빛은 순해지고
털빛은 추운 날을 받아들이기에 알맞은
허옇고 몽글몽글하고 푸석푸석한 그 무엇이었는데
그 모양이 괜찮았고
오래 보고 있노라니 점차 아름다워지기까지 했다
가까이 가서 몸을 기대고 싶었다
그제서야 나도 서 있는 짐승이었다
그제서야 우리가 살아온 날들이
싸락눈이 서걱이는 그런 시간이었다는 것을 알았다
그제서야 바깥을 서성이는 발자국들이
나를 따라서 내 안으로 들어오는 듯했다

잔설 殘雪

길가의 풀잎을 다 덮지 못한 채
늦은 시간을 맞이하고 있는 눈

듬성듬성하니
아직 살아 있는 것들의 발자국 같다

흘러간 마음은
저 허연 눈으로부터 내게 돌아와

사람살이도 이와 같구나
중얼거린다

쓸쓸한 아련함이 밀려오나니

지금으로부터 어둠은
눈이 녹아가는 귀퉁이를 찾아 스미다가

아픈 누군가의 등뼈를 쓰다듬고 있겠다

제2부

눈

어딘가로 내려앉고 싶었지만
차마 말문이 막혔을 때
저 하얀 눈송이라니

계절의 끝에 이르러
스미듯 내려앉는 온기가 결국
저 하얀 눈송이라니

얼어붙은 삶을 마주하고서야
터무니없이
저 하얀 눈송이라니

하루 이틀쯤 너끈히 세상을 잊고서
너와 나의 이마 위로
저 하얀 눈송이라니

거처 居處

내가 알고 있는 가장 작은 집은
0.67평인데

탱자나무의 가시와 가시가 몸을 엮어 만든 이 집은
몇 평이라고 불러야 할는지

삶이 끝나는 순간까지 인간의 의지를 제련해 갔다던
전설 속 양심수들의 감옥은 0.67평이었다던데

나무가시에 기대어 허공에 지은 이 집은
누구의 집으로 불러야 할는지

길가의 탱자나무 울타리에서
가시와 가시가 서로 몸을 엮은 손톱의 조각만 한 방에서

찔리지도 않고
아프지도 않고
참새 떼들이 우르르 한꺼번에 집을 나선다

귀가

가끔씩 완전히 꺼버리고 나갔다가 들어와야 한다는 것이다
휴대전화 이야기다

세상에!
이 한 줌의 쇳덩이마저 가끔씩 이렇게 해야 말끔해진다니
완전히 비우는 일은 스스로 불가능이라서
나갔다가 들어오는 길을 택해야 한다니

그제야 내 안에서 부딪치며 번져가던 두통이 사라지고
헛헛하게 살아갈 수 있다니

술을 엉망으로 마신 다음 날에서야
쓰린 속 바깥으로
아침 햇살이 다시 피어올랐다

잠시 까무러쳤던 살아가는 일이
허둥지둥 돌아오고 있는 모양이다

돌아오는 길

어두워지는 산등성이

서서히 이어지면서 저녁 산을 이룬다

이제야 내게서도

새로운 세상이 이루어지는 것 같다

점점 더 어둡게 가까워지는 산의 덩어리

두껍게 지키며 사랑하고 싶던 그 무엇인가가

웅크리고 앉아 있다가

이쪽을 바라보고 있다

케이블카

산을 오르는 길목에 쇠기둥을 박고
그곳을 왜 오르고 왜 내려오는지

견딜 수 없는 인생의 허무

여름 끝자리에 핀

장마 끝나고 태풍 두어 개 지나간 뒤
건지산* 오송지에 피어난 연꽃

느즈막에 피어났으니
오늘처럼 앳된 얼굴로 늙어 갈 것입니다

문득 가을바람이 불어와
사는 일 쓸쓸한 것을 우연히 알게 된다 하여도

햇빛은 온 세상에 고루 반짝이며 부서져
다시 살아나고 싶은 그런 날입니다

꽃잎 두어 장이 몸을 뉘여서
바람이 드나들도록 제 가슴에 길을 내었습니다

이럴 때의 꽃잎이란
콧김만으로도 흔들리는 여린 잎사귀일 따름이어서

〉
대견하고 또 대견할 뿐입니다

저 어린 것이
동무도 없이 너른 물결 위에 남아
가을을 맞아들이며 홀로 피었는데

나는 고작 아름답다는 말 말고는
다른 말귀를 떠올리지 못하고 있습니다

* 전주 사람들이 자주 가서 걷다가 쉬는 산.

사랑

꽃봉오리에 잠자리가 앉았다

나비도 아닌 것이 꽃을 탐한다
발을 오므려 각을 세운 채 온 생을 바치듯 하고 있으니
깜짝 놀랄만하다

무엇인가를 끌어안고
이리보고 저리보고 갸웃거리며
눈을 빤히 들여다보기도 하다가 혼이 나가버린
우리들처럼

잠자리는 몰두하고 있다

꽃대궁이 길고 가는 탓에
잠자리의 사랑은 늘 흔들리고 위태로울 수밖에

긴 발에 돋아난 가시마저 세운 채

끌어안은 채
무엇인가 한결같을 수 있다고 말하려 한다

이럴 때의 사랑이란
마음을 마주친 눈동자에 있는 것이 아니라
와락 움켜쥐고 만
잠자리의 발가락에 깃들어 있음이 분명하다

5월

꽃을 잃고 잎을 얻었다

떨어진 꽃잎을 못 잊는 동안에

잎이 피어난다

이름 모를 한 잎까지 모두 피어나서

이제 그만 외로워도

괜찮지 않느냐고 나에게 묻는다

잠시

피었다 졌다 하는 마음을 놓아 본다

6월

노랗게 씌운 봉투 안에서
유월이 무르익어서일까
복숭아가 불룩하게 올라왔다
속을 들여다보고 싶어서 봉투의 밑을 들췄지만
비와 바람을 막느라 모두 잘 막혀 있다
그래도 어쩌랴
푸른빛은 이미 봉투 바깥으로 나와 있는 걸
제가 창호지인 것처럼 내비치고 있는 걸

세 시나 네 시쯤

일찌감치 눈이 떠진다
나이 들어가면서 생긴 일이다
가까이 있는 생각들을 더 가까이로 당겨 본다
마음이 무거워지는 것은
무엇인가를 너무 오래 품고 있어서일 것이다
저만큼으로 내보내기도 한다
함께 숨 쉬며 살아가는 것들의
상서로울 리 없는 앞날을 들여다보기도 한다
잠 못 드는 일이 꼭 괴롭기만 해서는 안 될 일이기에
괜찮다면서 다독여 보기도 한다
밤은 여전히 깊고 바람 끝은 차가웁다
혹시 산속 어디 깊숙한 곳에서
몇 마리의 늙은 산짐승들이
나처럼 일찌감치 깨어나고 있을까
콧기운을 내쉬며 뒤척이고 있을까
저로부터 비롯한 새끼들과
무릇 함께 숨 쉬며 살아가는 것들의 앞날을

빤히 들여다보고 있을까
어느 웅크린 날의 세 시나 네 시쯤에

코 고는 소리와 함께

하룻밤을 넘나드는 노래가 힘겹다
가라앉는 기세로만 보면 곧 사그라들어야 맞는데
더 낮은 곳에서 다시 일어서고 만다
허투루 내는 소리가 아니다
밀어 올리는 힘이 더 깊은 아래에 있어서
울울창창 감당하기 어려운 소리의 산을 이룬다
혁명의 밤이 훗날 이런 식으로 다가온다면
힘들어서 어찌 맞이해야 하나
아기의 숨소리마냥 잦아들 때도 있지만
인생의 밑바닥을 노래하듯이
그르렁 그르렁 누구를 탓할 수도 없는 경지에 이른다
아, 함께 자는 동안에 코 고는 소리를 나누는 일이라니
세상의 모든 좁쌀만 한 소리들에게 화해를 청해보지만
이 캄캄한 밤중에 화해는 무슨 화해랴
그저 하룻밤을 꼬박 새우고 만다
정신이 말똥말똥해지는 일이 나의 모든 것일 뿐이다
하하하

얼굴

계곡을 따라 걸었네

마을로 내려가는 물소리 말고는
자그마한 순간마저 모두 사라졌을 때

떠오르는 얼굴

사랑한다
사랑하지 않는다
흔히 알고 있던 일마저 잊은 채

일렁이는 얼굴을 따라
흘러서 걸어가고 있었네

덕유산 돼야지

집 근처에 있어서 가끔 들락거리는 식당이다
십여 년을 오가다 보니 일가 친척집 비슷하게 되었다
경원이 형과 소주 한잔을 나누고 일어서려는데
아주머니 사장이 웃으며
도시락 보자기만 한 비닐봉지 두 덩이를 내민다
밭에서 막 솎아 온 것이라면서
어린 상추 잎을 담아 놓았다
요새는 이런 상추를 찾을 수가 없어!
가져가고 싶지 않은 내 생각을
이런 식의 말투로 지긋이 눌러버린다
이러니 낸들 어쩌겠는가
잘 찾아보면 이런 상추는 가끔 있는데
이런 여자의 마음은 어딜 가도 없는 것 같아
한마디를 식당에 남겨놓고선
손가락 끝에 비닐봉지를 걸고 덜렁덜렁 집으로 돌아왔다

학교의 논

친한 벗이 사진 한 장을 보내왔는데
해마다 키가 작아지는 마을의 학교를 옆에 세우고
벼이삭이 바람에 출렁이는 모습을 찍어 놓았다
맞아! 예전에는 학교에 딸린 논이 있기도 했지
잠시 잊고 있었다
어린 손가락과 발가락으로 모를 심고 나락을 베던
그런 날이 있기도 했는데
아이들이 자꾸 떠나가고 있으니 무슨 수가 있으랴
올해는 마을 사람에게 도지를 받고 빌려주었다가
돌아온 쌀로 떡을 만들어 마을 경로당에 보냈다고 한다
학교를 등에 업은 채 누렇게 익어가는 벼 이삭이여
쓸모를 잃어가는 무성한 논이여
그 가운데 자리 잡은 늙은 교무실이여
너와 나의 오늘이 느릿느릿
함께 길을 걸어 돌아오누나

제3부

무우잎

가을이 오시는가
방문을 열고 대문간으로 눈길을 보냈다
마당가 텃밭에서
홀로 푸르러가는 무우잎
이 시절 모든 것들이 너와 함께 깊어지나니
무우야
푸른 잎으로 몸을 세운 무우야
네 덕에 오늘 아침이 서늘하니 맑아온단다

다시 한번

무던히도 반복을 싫어하던 젊은 날이 있기도 했는데

노래를 듣고 있다가
다시 시작하는 후렴구를
지치지도 않고
몇 번씩 좋아서 받아 안고 있다

굽이치는 가락이라면 다시 한번 들어도 좋은 것인가
뜨겁게 사르던 인생이라면
정말 다시 한번 불러도 괜찮은 것인가

밥

식당에서 떠들며 술 마시고 일어서다가

구석진 곳에서
한마디 말도 없이 아이와 함께 밥을 먹고 있는
어느 부부의 구부린 등을 본다

내가 침을 튀기던 세상의 이야기가
갑자기 텅 빈 구덩이에 빠진 듯
어둠 속으로 떨어져 내린다

가객 歌客

가난한 이의 곁에서
노래 부르던 저 사람

오늘도 눈을 감고 있네
감긴 눈꺼풀이 잔잔히 떨리고 있네

노래는 가장 높은 곳으로 치달아 오르는데
그대는 아직도 눈을 감고

나는 떨리는 몸을 겨우 가누네

길가의 나무처럼
그대의 아프고 헐벗은 노래

막막한 허공에 새 잎을 피우네

가난한 이의 곁에서

한 시대를 노래 부르던 저 사람

제 노래 안에서 숨을 멈추다가
제 노래 안에서 길게 내쉬네

흐르는 것이 어디 사람뿐이랴*
가만히 눈을 떠보네

* 정태춘 선생의 노래를 늦은 시간에 다시 들었다.

어머니

살아도 네 품속에
죽어도 네 품속에

부드러운 흙 속으로 파고드는 목소리로
순천의 박두규 시인이 부르는 노래가 있었는데
이른 저녁부터 새벽까지였지

잔잔하다가도 굽이치고 마는 파도 같아서

노래라는 것이 품은 가슴에는
지리산 산자락도 있고
울퉁불퉁한 바윗돌의 계곡도 있고
한 생애를 버텨 낸 근현대사도 있겠지마는

어쨌든 그것은 온통 어머니이거나
그냥 어머니이고 말아서
소의 등허리 같은 산줄기이고 말아서

〉
노래를 듣고 있던 우리들은
집에 있던 어머니를 잊어버린 채
새로운 세상을 향해 달려가고 싶었을 뿐이지

첫 시간에

게으름을 부리고 또 부리다가
시집 한 권을 이십 년 만에 묶고 나서 생각해보니
어릴 땐 까마득해서 보이지도 않던 수십 년이 아무것도 아니다

어떤 여자와 같이 살기 시작해서 사십여 년 만에 생각해보니

박정희부터 시작해서 윤석열의 꼴을 보는 오늘날의 지경에 이르러 보니
정말 몇십 년은 좁쌀의 싸라기의 싸라기도 아니다

나중에 내가 혹시 선생을 다시 하게 된다면
아이들에게 말해야겠다
더 늙어서 잊어버리기 전에 말해야겠다
첫날 1교시에 말해야겠다

몇십 년은 정말 아무것도 아닌 것이라고

몇십 년이 아무것도 아닌 것처럼
몇천 년도 아무것이 아닐 거라고
사람이 하는 짓은 맨날 그런 것이어서
세월이 하는 짓은 맨날 그런 것이어서

그러니
아무것도 아닌 것처럼 거침없이 살아보라고
정말 아무것도 아닌 것처럼
먼 산과 먼 바다를 품고서 살아보라고

도보다리 위에서

너의 발걸음에 맞춰 내가 걸을 때
내 발걸음을 너의 발걸음이 맞춰 걸을 때
그것을 서로 어느 순간에 알아챘을 때

세상에는 그저 가슴 뛰는 일이 있을 뿐이다

호젓한 산길을 구부러져 돌아올 때
너는 나에게 네 이야기를 애타게 하고
나는 내 속 이야기를 뜨겁게 할 때

세상에는 우리들 숨소리만 남을 뿐이다

어디냐고 물었더니 도보다리라 한다
걷지도 못하는 도보다리라고 한다
남들이 그리 부른다 한다

끊어진 길 위에 마주 앉아

외세를 등진 내 눈빛은 너에 이르고
총칼도 잊은 너의 눈빛이 나에 이를 때
피할 수도 없이 서로의 가슴에 도착하고 말 때

세상의 산등성이마다 먼동은 터오는 것이었다

새벽길

하룻밤을 지나쳐 왔을 것이다

지난 일을 까맣게 잊은 듯
새로운 세상이다

우리가 끌고 오던 모든 썩은 것들은
저 건너 어젯밤에 처박아두는 것이 좋겠다

새벽길에 서서
어린 풀잎과 낯익은 곡식의 솜털에 맺힌
맑은 이슬을 본다

햅쌀이나 햇밤처럼
햇것의 얼굴로 피어나
안길 듯 안길 듯 몸짓하고 있느니

새벽길을 걸어보라

모든 욕망은 누추하다
저지른 모든 전쟁은 무참하다

우리가 질질 끌고 오던 모든 썩은 것들은
저 건너 어젯밤에 처박아두는 것이 결코 좋겠다

뼈에 머물며

시간이 많아진 날에
손으로 얼굴을 어루만지다가
말랑말랑한 얼굴쯤은 이제 그만두고
눈과 코와 이마를 둘러싼 뼈를
꾹꾹 눌러 보았다

들어가고 나온 자리를 따라
살 없는 뼈만으로도
내 얼굴을 떠올릴 수 있게 되었을 때쯤
평생을 아껴온 살보다
오늘에서야 만난 뼈가 더 정다워지기도 하고
살 붙이지 않은
뼈로 이루어진 얼굴이야말로
제대로 된 내 얼굴이리라 믿어 보기도 하였다

시간이 많아진 어느 날에서야
나는 드디어 살을 거쳐 뼈에 이르렀는데

외롭다는 흔적도 없이 뼈에 머물며
뼈와 함께 깊이 살 수 있게 될 것인지를
오래 생각하였다

가을

그 동안의 내 모든 사랑은 갔다
제가 가기도 했고
내가 보내기도 했다
마지막이라 생각했던 그 사랑도 갔으니
이제 됐구나 하며 맞는 가을 아침
이번 사랑을 마지막으로 하리
중얼거려 보지만,
혼자 남은 내 눈길이
저 산 너머 붉은 산등성이를 따라가다가
떠나보내는 슬픔 한 방울을
어쩌지 못한다
끝내 늙어가는 눈에 가득 담고 말았다

농게장

우리가 그 무엇인가를 그리워할 때 그 무엇인가를 송두리째 끌어안지 않으면 안 되는 것일까

내 고향 앞바다 갯벌에서 구해 온
귀하고 귀한 농게장을 맛보다가

어린 시절의 고소하고 노릿한 비린내에 빠져들게 되었다
농발게의 붉고 두꺼운 발톱마저 와드득와드득 깨먹게 되었다

다섯 끼 여섯 끼를 쉬지 않고 먹으며
지치지 않는 나의 식탐에 스스로도 놀라며

사랑한다든지 그리워한다든지 하는 일의 원시성에 대하여
엉뚱히 되짚어 보았다

연리지

거센 바람이 있던 날

처음으로 몸이 닿았겠네

가끔씩 기대다가 서로를 바라보았겠네

어찌 살고 싶냐고 묻다가 그렇구나 하고 끄덕였겠네

살아온 일 중에 가장 눈 맞았겠네

그날의 햇빛 몸 안에서 눈부셨겠네

오래 오래 함께 살고 있겠네

좋은 것들은 어딘가로 떠나보내고

사는 일의 통증을 주거니 받거니 하고 있겠네

그 힘으로 나뭇잎 몇 장 피어나려고

이른 아침부터 애써 눈을 뜨겠네

만돌* 갯메꽃

쏟아지는 바람을 끌어안아 보는 곳

곰소만의 깊숙한 해안 길을 따라
모래언덕에 피었네

어느 하루도 바람 그친 적 없어라

두꺼운 가죽과 주름 위에 매달려
생각의 밖에서 피어난 연분홍

그대와 마주치는 날에는
환하게 웃어야겠다

숨겨 둔 속살의 무늬였겠지

아침이 오면 모래밭에서 눈을 뜨고 일어나
하루 종일 바람 속에 엎드려 피어나더니

〉
파도소리를 베고 잠이 드는

이런! 눈물 한 방울 맺히고야 마는
어린 갯메꽃

* 고창군 심원면 만돌 마을.

옛집 그 이후로

어머니가 텃밭 가에 심어놓고 간 동백 몇 그루를 뒤안 언덕 울타리로 옮겨 놓았다. 어언 이삼십 년이 흘러갔을까. 제법 저희들만의 세상을 이루었다. 꽃피고 열매 맺는 일만이 전부는 아니었겠지. 촘촘하게 펼친 제 잎사귀 안에 무엇인가를 품고 살아간다. 추운 날들은 어찌 지나갔나 보다. 이른 봄부터 때까치가 새끼를 낳아 하루 종일 서로를 원하고 서로를 부른다. 새들의 목소리만이 천지에 가득하다. 몇 마리나 될 거나 짐작해 보려 하지만 모두 헛된 일이다. 어디로 가버렸을꼬. 고향집에 들를 때마다 그리워했다. 울타리 밖 솔숲에서 살아가던 때까치 어린 새끼들. 뒷산 소나무가 잘려 나간 후로 영영 소식이 없더니 떠나간 어머니의 동백 울타리로 내려와 시끌짝한 봄날을 만들고 있다. 이삼십 년도 더 지난 뒤에야 돌아와 내 머릿속부터 손끝 발끝까지 지저귀고 있다. 여전히 지저귀고 있다.

봄 길을 짐작하다

햇빛이 깊어지는가 했더니 숲속까지 환해졌다

지난해에 내려앉은 잎들은

나지막이 서로 기대고 있다

따뜻한 바람이 나보다 먼저 이 길을 간다

내 발걸음을 맞아들이는 봄 흙

쓰린 마음이 저 건너에 있어도

이유 없이 정답다

세상의 햇빛이 이만하거니

아픈 것들 아직 땅밑에 있다 해도 무방하겠다

돌아올 새싹을 기다릴 만하다

제4부

갈아놓은 땅

동유럽을 패키지로 한 바퀴 도는 동안에
내가 탄 버스가 누군가 일궈 놓은 밭을 지났다

풀로 가득한 끝없는 농장의 한 귀퉁이를 겨우 남겨
갈아놓은 땅
30평이었을까 50평이었을까

그 곁을 나는 지나서 왔다

얼굴을 모르는 다른 나라의 그 사람은
풀로 우거진 넓은 땅의 옆구리에
무엇을 심고 싶었던 것일까

차를 내려서 물어보고 올 수는 없는 일이었다

어느 가족

강아지 세 마리가 젖을 빨고 있다

사진 속에서 어미의 눈이 그윽하다
세상의 한 꼭지를 물고 있는 듯
마른 어미의 몸이
쓸쓸한 자비와 함께 어딘가로 흘러간다

마침 그들이 누워있는 곳은
고향집 마루 밑 한구석이다

내가 오래 안겨 있었던 그곳을
만져도 보고 가만히 들여다도 본다

저물녘

산비탈에서 늙은 부부가 추수를 한다
콩대를 두드리고 깨를 터는 동안
토닥토닥하는 소리가
아랫마을까지 퍼져나간다
들녘의 가을걷이는 저무는 이때가 제격인 것 같다
우리들의 마무리도 누군가의 손길처럼
자근자근 했으면 좋겠다
비스듬히 서로 떨어져 앉은
두 늙은이의 등허리에 내리는 늦은 햇살처럼
별일도 아니란 듯 토닥토닥

어머니의 도마

부엌칼이 스쳐간 자리가 곱다

마늘도 푸른 고추도
아침과 저녁나절의 어슴푸레한 어둠 속에서
사각사각 잘려나가곤 했다

생선과 고기가 다루어지며
제 비린내를 버릴 때에도
그리 쓸쓸하지 않았다

도마 위에서는
어린 것들이 입맛을 다시며
모락모락 자라고 있었기 때문이다

이제 어머니는 떠나고 없다

나무의 향이 사라진 도마 위로

그 여자가 가질 수 있었던 단 한 자루의 칼날이
수천 날을 비스듬히 엇갈리며
남아있을 따름이다

어느 날

여기는 비가 온다고 말했더니

어떻게 비가 오는데요?
전화기를 따라 빗소리를 타고 물어온다

어떻게 비가 오는데요?
사람끼리 나누는 이런 말은 정말 얼마만인지

싱그럽기 짝이 없다

이미 돌이 된 인간의 고집마저 녹이고
예순도 훨씬 지난 몸뚱이까지 나긋나긋하게 한다

이런 날은 마음을 열어놓는 것이 좋겠다
아스라이 멀리

다시 어느 날

여기
보리알 여문 것 좀 볼래?

저물녘 홀로 걸어가는 길에
난데없이 떠올랐다네

말랑말랑한 채로 여물어가는
보리 알맹이

그냥 한 알의 몸이
어찌나 야물고 팽팽했는지

무주에서 장수를 지나 진안 넘어올 때

첩첩산중이다

아프고 힘이 들어
사는 일 말로 다 할 수 없던 시절에
가슴 밖으로만 내려 쌓이던 한숨의 언어인데

무주에서 장수를 지나 진안 건너올 때
멀어질수록 더 멀리 아름답게 아른거린다

아프고 힘든 것이야 여전한 세상이지만
휘어지고 늘어지다가 서로를 감싸 안고 만
첩첩산중이어서 아름답고 만

무주 진안 장수 너를 둔 채 떠나왔으니
쓸모없는 마음만
돌아온 길로 다시 넘어가는 날이다

놓기 어려운

돌아오는 차 안에서
손을 잡았다
십 분쯤 잡았을까
이십 분쯤 잡았을까
잡은 손에 가만히 힘을 주어 보기도 했다
이제 웬만하면 손을 놓아야 할 것 같은데
원래 같이 있던 손처럼 편안해서
쉽게 놓지 못한다
굵고 거친 손가락 사이로 뜨거운 기운이 가득하다
농민운동으로 늙은 손이다
투쟁이 사랑에 이른 손이다
이렇게 오랫동안 풀지 못했던 손은
도대체 얼마만인지 알 수가 없다
차를 내릴 때까지 내내 놓지 못했다
송병주 의장의 거칠고 두꺼운 손이다

떨리고 말았던 어깨 때문에

 벌써 삼십 년도 훨씬 지난 이야기가 되었다. 국가권력이 선생 1,500여 명을 한꺼번에 쫓아내는 시절이 있었는데 세상을 조용하게 하느라고 아이들이 없는 방학 때 그런 일을 했다. 입시를 앞둔 3학년 아이들은 밤낮으로 보충수업을 하던 때인데 우리는 어쩌라고 그러냐고 보충수업까지만 해달라고 몇몇이 집으로 찾아와서 매달렸다. 시골이라서 쉽게 교사를 구할 수 없으니 학교가 그런 궁여지책을 아이들에게 알려줬을 것이다. 쫓겨난 선생의 처지를 아랑곳 않고 하루라도 더 같이 있고 싶었던 철없는 것들을 어쩌겠는가. 아이들을 밤이나 낮이나 보충수업만 시키면 되겠냐고 목소리를 높이던 내가 나를 쫓아낸 학교에 다시 나가서 그해 여름방학 보충수업을 하고 말았다. 쫓겨난 사람이 다시 돌아와서 수업을 하고 있으니 귀를 쫑긋 세우고 눈으로 몸으로 마음으로 어쩌나 잘 들어 주던지 나는 해직의 처지인지 복직의 처지인지 모를 몽롱한 정신으로 그해 여름을 보냈다. 아무튼 서로 눈물을 훔치면서 보충수업을 마쳤고 행정실 직원은 노란봉투에 수당을 넣어 술 한 병과 함께 집으로 가져왔다. 결국 그날 밤에 내가 취해서 울먹이고 말았는데 아내가 내 방에 와서 내 어깨를 감싸 안아주고 있다가 나갔다. 약력 란의 비어 있는 시간에 전교조 해직교사라고 쓸까 말까를 생각하다가 끝내 쓰지 못하는 시대를 쑥스럽게 살아가면서 이런 기억은 이유도 없이 왜 떠오르나. 아마도 노란봉투 안에 담긴 보충수업비 앞에서 떨리고 말았던 내 어깨 때문은 아니었을까. 아내에게 잠시 기대고 말았던 내 어깨 때문은 아니었을까.

가야사 진달래꽃

 그것이 60도 각도가 되나 70도 각도가 되나. 열 개쯤 되나 아홉 개쯤 되나. 그해 봄 가파른 산줄기 타고 진달래꽃 쏟아져 내리고 말았지. 바위가 솟아서 흙을 움켜쥔 움켜쥔 채 놓지 않아서 산이 된 사람의 어딘가로. 고대사 가르치면서 늙어가는 곽장근*네 집 가까운 산등성이로 진달래 꽃잎 내릴 때 가슴 속에서 무엇인가가 함께 쏟아져 내렸지. 그 사람 무릎이 닳도록 타고 다니던 백두대간 전라도 가야사가 쏟아져 내렸을까. 내가 본 건 덩그런 무덤뿐이었는데 왜 진달래꽃 쏟아져 내렸을까. 천 년 넘게 피어나던 그 시절 진달래꽃 다시 피어서 집단으로 우는 날이었나. 아니면 웃는 날이었나. 그 사람 왜 그 산 밑에 손바닥만 한 집을 지어 상추 몇 포기 심고 아내와 밥을 나누며 천 년을 꿈꾸었었나. 하필 그런 때 진달래꽃은 왜 쏟아졌었나.

* 군산대학교에서 전라도 가야사에 파묻힌 곽장근 교수.

비둘기

작은 몸으로
저렇게 크게 운다

작은 산 하나 정도는
넉넉히 쥐어짠다

그동안의 내 울음은
비둘기 곁에서 흘리던
신음소리에 불과했을 뿐

봄날

이 꽃을 보는 동안에
저 꽃이 핀다

저 꽃이 떠나기도 전에
이 꽃이 온다

우리가 숨을 쉬듯이
쉬지 않고 핀다
마치 이날만 기다리며 살았던 듯하다

올해도 이 봄 언덕에 서서
겨울을 보낸 후에야 피어나는
꽃 하나의 세상을 본다

누구에게나
가슴 두근거리는 하루가 있었으리라

좋은 사이

여름 한나절을 잊어볼거나

고구마 순 김치에
막걸리 한잔

목을 넘기기도 전인데
안주가 술을 이기려 든다

가까운 사이에 왜들 이러나

모르는 척 말려보기도 했다

눈 맞춤

우리 집에 아기가 생겨나서
아침저녁으로 요놈을 안아본다

나는 저물어가는 눈으로 저를 보고
저는 제가 누구인지도 모르는 눈으로 나를 바라본다

나는 지그시 내려다보고
저는 뚫어져라 올려다본다

두 세상 모두 새로운 세상이어서

하나는 안고 하나는 안겨서
눈을 뗄 수가 없다

서로를 그 모양으로 바라볼 수밖에 없다
오래도록

어쩌면 좀 더 오래도록

새해

나는 이제 여섯 살이야
아빠는 서른여섯 살이고

할아버지는 으음… 시를 쓰는 노인이지

여기까지는
세월을 갓 배워가는 우리 집 손녀의 더듬더듬 말씀이시고

사실 나는 시를 쓰는 예순여섯 살이지

여기쯤 와서는
시간이 시간을 이어가는 호젓한 오솔길

사소한 것을 가까이에 오도록 허락해보는

새해 아침이라네

무릎 뼈

아마도 심심할 때나 외로울 때일 것이다

가끔씩 너를 만지고 싶다

그렇게 살아온 뼈
그렇게 단단한 뼈

억지를 부려서라도 일으켜 세운 신뢰가

얇은 살갗 안에
물끄러미 뭉쳐 있다

발문

생生의 가을이 연주하는 다정 변주곡

복효근(시인)

　제목이 암시하고 있는 것처럼 이번 시집에 실린 대부분의 시는 '다정'이라는 낱말의 자기장 안으로 수렴되고 있다.
　다정은 명사보다는 형용사 '다정하다', '다정스럽다'로 더 친근하게 쓰이는 단어다. '다정'은 에토스나 로고스적 정신 작용이기보다는 파토스적인 징후가 더 짙다. 시인이 이전의 시집에서 보여준 사유나 언어의 결하고는 자못 다른 점이 여기에 있다. 이전의 시가 자신과 자신이 속한 공동체의 지향을 올곧게 설정하고 거기에 삶을 밀착시키려는 의지적 노력이 중심축을 이루었다고 한다면 이번 시집에서는 논리나 이성에 매이지 않고 혹은 그것을 아우르면서 더 넓거나 아득한 정서적 영역으로 독자를 이끈다. 파토스적 영역에 자리하고 있는 격정, 열정, 아픔, 노여움 등의 감정들이 시간의 풍화작용 속에서 곱게 닳고 삭아서 '다정'으로 변주되고 있음을 보게 된다. 이는 물리적 시간의 흐름과 함께 정신의 화학적 변화를 위한 끊임없는 모색과 탐색의 결과라고 보여진다. 정신의 화학적 변화는 시간 속에서 이루어진다. 연륜이라는 바퀴가 치차를 돌려야만 가능하다. 쉽게 얘기하면 나이 들어보지 않으면 모르는 그런 시 세계가 '다정'으로 드러난다는 것이다. 격정과 노여움이 시간만 흐른다고 다정으로 변하지는 않는다. 인간과 사물이 지닌 근본적인 속살이라 할 수 있는 다정의 시 세계에 다다르기까지 시인에게는 종교적 수행에 가까운 고뇌가 함께 했으리라. 그 고뇌는 치욕과 슬픔을 포함한다. 연민도 예외가 아니다. 슬픔과 고통을 통과하지 않은 연민이란 있을 수 없거나 가식에 가까운 것이기 때문이다. 종교적 수행과 고뇌라는 표현은 '마음을 여는' 행위로 바꿔 말해도 무방하겠다. 빗방울을 가지고 나누는 대화 속에서 시인은 영혼의 싱그러움을 느끼고 있는데 "이미 돌이 된 인간의 고집마저 녹이고/예순도 훨씬 지난 몸뚱이까지 나긋나긋하게 한다//이런 날은 마음을 열어놓는 것이 좋겠다"(「어느 날」)는 시 구절에서 보듯이 경계에 집착하지 않고 정신과 영혼을 열어놓는 데서부터 '다정'이 비롯함을 알 수 있다. 마치 "저물녘 홀로 걸어가는 길에" 만난 "말랑말랑한 채로 여물어가는/보리 알맹이"(「다시 어느 날」) 같은 것이어서 사고와 관념, 온갖 정신 작용의 말랑말랑한 탄력과 유연성에서 시인의 시는 시작된다. 이것이 어찌 젊은 날에 가능키나 한 일이겠는가?

그가 이른 다정의 세계를 잠시 엿보기로 한다.

> 술집에 앉아 친구와 이런 저런 이야기를 하다가
> 마음이 통해 손을 잡아가다가
> 눈앞의 손목이 마치 어디로 걸어 들어가는 길목 같아서
> 인간의 마음이 들고 나는 주택가 골목 같아서
>
> 늘 누군가의 손목을 잡고 싶어 하던
> 내 손목을 바라보고 있다
>
> ―「손목」 전문

예순이 후반으로 접어드는 길목이다. 시인은 시방 고즈넉이 자신의 손목을 들여다본다. 얼마나 많은 사람의 손목을 잡았다가 놓았다가 했던가? 인연이 깊어지면 손목을 잡고 인연이 다 하면 놓고 이별을 고해야 하는 그 인연의 길목, 그래서 손목은 "어디로 걸어 들어가는 길목"인 것이다.

그 손목을 잡고 걸었다면 혼자가 아니었을 터, 함께 가야 할 길이 있었고 마침내 당도해야 할 길 끝도 있었을 것이다. 여기에서 시인이 자신의 손목을 가만히 들여다보는 것은 연대를 부르짖으며 '한 사람의 열 걸음보다는 열 사람의 한 걸음'을 지향했던 한 시대를 돌아보는 것이기도 할 것 같다. 그것은 또한 "인간의 마음이 들고 나는 주택가 골목 같아서" 사람살이의 시작과 끝이 그 손목으로부터 비롯된다는 뜻이기도 하겠다. 손을 잡으면 체온이 오고 가고 그에 따라 마음이 오고 가는 이치는 누구나 아는 일이다. 사람의 마음도 그 손목을 따라 들고 나는 것이어서 손목을 잡으면서 울고 웃는 사람의 이야기는 시작된다. 손목이 닿는 거리에서 나와 관련된 인간의 애환이 펼쳐진다. 어찌 보면 손목이 닿지 않은 거리는 다 남의 일이며 다만 머릿속의 일에 불과할 수도 있다. 이따금씩 시인이 다른 사람의 손을 가져다가 자신의 두 손에 포개어 잡는 것을 보아 왔다. "농민운동으로 늙은" "굵고 거친" 송병주 의장의 손을 잡고 "차를 내릴 때까지 내내 놓지 못하고" 오랫동안 풀지 못했던 것도 그 손목이 "투쟁이 사랑에 이른"(「놓기 어려운」) 한 인간의 내면으로 들어가는 길목이었기 때문이었을 것이다. 필자의 손도 시인의 두 손 안에 감싸인 적이 있다. 시인은 "늘 누군가의 손목을 잡고 싶어 했다." 사람의 마음 안으로 깊이 들어가고 싶어 했다. 이 문장의 뜻을 비교적 온전히 이해하는 사람 가운데 필자도 포함된다.

 정이 많고 깊은 사람, 그이가 다정에 대해 고즈넉이 이야기를 들려준다.

 이번 시집에 나타난 다정의 스펙트럼은 다양한 빛으로 분광된다. 그 가운데 하나의 특징이라고 한다면 시인의 다정은 어느 정도 페이소스가 그 배후를 이루고 있다는 점이다. 그리고 그것이 사소한 일상의 어떤 사물에 관한 것일지라도 곧 보편적 인간사와 사회적 맥락으로 확장한다는 점이다.

 냉장고에서 꺼낸 달걀에 깃털이 하나 묻어있다. "그제서야 내가 사온 달걀이/어미 닭을 떠나왔다는 걸 눈치챘다" 그리고 "오늘 아침 달걀 한 알을 손에 쥔 채/떠나가는 일 때문에 다시 서성인다". (「떠나는 일에 대하여」) 이 정도면 다정도 병인 것이 분명하다. 시인이 손에 쥔 것은 달걀의, 혹은 닭의 깃털의 손목을 잡았다는 것이다. 어미 닭과 달걀의 마음에 들어가는 길목으로 발을 들여놓은 것이다. 어미 닭으로부터 달걀이 떠나는 일, 떠나게 하고 마는 일들에 대해 사유한다. 이는 애틋함과 서글픔, 슬픔이 버무려진 인간사의 한 단면을 환유하거나 확장하는 방식이다.

 산봉우리에
 형제봉이니 자매봉이니 하는 이름을 붙여놓고

살던 사람들이 있다
행여 사이가 좋지 못할까봐
형제자매들까지 데려다가 놓고는
오래 오래 그렇게 부르고 싶었을 것이다

전주의 동학혁명기념관 앞에는
은행나무 한 그루가 늙어가면서
전봉준 김개남 이런 사람들의 눈빛을 지켜보고 있는데
무너지는 몸을 겨우 이기는 그 곁으로
열대여섯 살쯤 됐을까
싱그러운 어린 은행나무가 나란히 서 있다
요즘 식으로 유전자를 따라가 봤더니
늙은 어머니가 틀림없다고 한다
아비도 없이 어찌 아이만 남았을까
우금치 전투가 아직 끝나지 않아서
돌아오지 못하고 있는 것일까

어느 날
두 은행나무를 바라보며 앉아 있다가
사람처럼 어미와 아비를 떠올리다가
형제봉이나 자매봉을 불러보던 시간들이
그리 간단해 보이지가 않아서

몸이 슬슬 떨려오기도 했다

이 나라의 슬픔으로는
아비가 돌아오지 않는 동안에
어린 것이 어미 곁에 홀로 서 있는 정도는 되어야
인간사의 다정이 제대로 피어나는 것인가
꼭 그 정도는 되어야 하는 것인가
동학혁명기념관 앞에도 봄이 왔으므로
할아버지와 손자라면 더 어울릴 법한 두 은행나무가
어미와 자식으로
나란히 잎을 피운다

둘이서도 잘 피운다

다정하기가 그지없다

슬픔도 그 뒤를 따라가고 싶어서
서두르는 기색이 역력하다
― 「다정한 것에 대하여」 전문

"전주의 동학혁명기념관 앞에는/은행나무 한 그루가 늙어가면서/전봉준 김개남 이런 사람들의 눈빛을 지켜보고 있는데/무너지는 몸을 겨우 이기는 그 곁으로/열대여섯 살 쯤 됐을까/싱그러운 어린 은행나무가 나란히 서 있다/요즘 식으로 유전자를 따라가 봤더니/늙은 어머니가 틀림없다고 한다" 시 본문에 쓰인 그대로다. 우리의 근현대사를 지켜보며 은행나무는 늙었을 것이다. 여기에는 중의적인 의미가 있다. 동학농민전쟁을 지켜보았으리라는 뜻과 함께 동학기념관 외벽에 새겨진 전봉준, 김개남을 마주보고 서 있다는 의미도 담겨있다. 여기서부터 시인의 상상은 촉발된다. 어미 나무 곁에서 자라고 있는 어린 나무를 두고 "아비도 없이 어찌 아이만 남았을까" 의문을 던지며 "우금치 전투가 아직 끝나지 않아서/돌아오지 못하고 있는 것"으로 역사의 한 대목에 이 둘을 연결시켜 놓는다. 아비 없이 엄마와 함께 다정히 서서 봄이라고 씩 틔우는 두 그루 나무를 보고 시인은 '다정'에 대하여 생각한다. "어미와 자식으로/나란히 잎을" 피우는 "둘이서도 잘" 피우는 이 다정함을 두고 시인은 "이 나라의 슬픔으로는/아비가 돌아오지 않는 동안에/어린 것이 어미 곁에 홀로 서 있는 정도는 되어야/인간사의 다정이 제대로 피어나는 것인가/꼭 그 정도는 되어야 하는 것인가" 하고 묻는다. 한탄과 설의가 동시에 작용하여 이루어진 문장이다. 다정의 배후에 자리한 슬픔과 애틋함을 보지 않고는 이 다정의 곡진함을 읽을 수 없다. 이 곡진한 '다정'을 사적인 감정의 영역에 가두어두지 않고 역사의 맥락에 이어놓고 확장하는 일은 시인 김영춘이어서 가능한 일이기도 하다. 누구보다 사회변혁에 대한 열망으로 살아온 시인의 이력에 비추어볼 때 이는 어쩌면 당연한 것인지도 모른다. 아무튼 시인의 다정은 개인적 의미에서 나아가 사회적 역사적 맥락과 닿아 있어 때로 그 함의가 간단하지 않음을 알 수 있다.

> 경마장 근처를 지나다가 늙어가는 말을 보았다
> 마침 겨울이었는데
> 벌판을 달리고 콧김을 내뿜는 시간을 뒤로 한 채
> 제 스스로의 마구간 안에 홀로 서 있었다
> 천천히 몇 걸음씩 오가며 자신을 느끼고 있었다
> 눈빛은 순해지고
> 털빛은 추운 날을 받아들이기에 알맞은
> 허옇고 몽글몽글하고 푸석푸석한 그 무엇이었는데
> 그 모양이 괜찮았고
> 오래 보고 있노라니 점차 아름다워지기까지 했다
> 가까이 가서 몸을 기대고 싶었다
> 그제서야 나도 서 있는 짐승이었다
> 그제서야 우리가 살아온 날들이
> 싸락눈이 서걱이는 그런 시간이었다는 것을 알았다
> 그제서야 바깥을 서성이는 발자국들이

나를 따라서 내 안으로 들어오는 듯했다
―「서성였네」 전문

한 마리 늙은 경주마는 더 달릴 수 없게 되었다. "제 스스로의 마구간 안에 홀로 서" 있다. 그냥 마구간이 아니라 "제 스스로의 마구간"임에 주목한다. "눈빛은 순해"졌다. 변화를 의미하는 말이다. 그러지 않았는데 그렇게 되었다는 말인 것이다. 털빛은 추운 날을 받아들이기에 알맞은/허옇고 몽글몽글하고 푸석푸석한 그 무엇이었"다. 겨울에 맞추어 털도 바뀌었다는 말이다. 말은 "벌판을 달리고 콧김을 내뿜는 시간을 뒤로 한 채" "천천히 몇 걸음씩 오가며 자신을 느끼고 있"다. 시인은 그 모양이 괜찮았다고, 오래 보고 있노라니 점차 아름다워지기까지 했다고 말한다. 한 마리 말을 우연히 발견하고 객관적으로 묘사했다기보다는 시인 스스로의 내면적 풍경이거나 자화상으로 읽힌다. 이제 젊은 날처럼 현장의 한복판에서 질주할 수는 없는 시간에 이르렀다. 피아와 선악을, 정의와 불의를 구분하고 호오를 분별하려 했던 날카로운 눈빛도 순해졌다. 시인의 시간도 계절로 말하면 겨울에 다가선다. 잘 벼린 몸 하나로 종횡무진하던 광야의 시대는 갔다. 스스로를 정신의 마구간에 유폐시키고 내면을 돌보는 동안거에 들어갈 즈음이다. 말이 달려온, 시인이 살아온 시간은 편안한 마구간이 아니었다. "싸락눈 서걱이는 그런 시간"이었다. 변혁을 바라는 열망은 시인을 편안한 안방이 아닌 풍찬노숙의 시간으로 내몰았을 것이다. 얼핏 벌판의 우물 안에 비친 사내의 모습이 가엾어서 다시 돌아가 들여다보는 윤동주를 보게 된다. 이제 시인은 광야의 시간을 반추하며 내면 깊숙한 곳으로 발걸음을 옮긴다. 회한인들 없으랴만 싸락눈 치는 그 시간들이 안으로 향한 발걸음을 정당화시켜준다. 시인에게 늙은 말이 아름답게 보이듯이 문면에서 읽히는 "나를 따라 내 안으로 들어오는" 발자국들이 은은하게 아름답다. 자기 긍정과 자존이 다정하게 빛나는 대목이다.

꽃을 잃고 잎을 얻었다

떨어진 꽃잎을 못 잊는 동안에

잎이 피어난다

이름 모를 한 잎까지 모두 피어나서

이제 그만 외로워도

괜찮지 않느냐고 나에게 묻는다

잠시

피었다 졌다 하는 마음을 놓아 본다
―「5월」 전문

  시인에게서 흘러나오는 세월에 관한 징후는 여러 시편에 나타난다. 꽃잎이 지는 것을 보면서 인생무상을 노래한 시가 세상에는 무수히 많다. 시인도 꽃잎이 지는 것으로 나이 듦을 환유하고 있다. 그러나 허무를 토로하고 한탄으로 인생무상을 노래하는 시와는 방향과 결을 달리한다. 꽃이 진 다음엔 잎이 하나하나 피어나서 이윽고 무성해진다. "이름 모를 한 잎까지 피어나서" 나무는 비로소 나무로 완성된다. 꽃이 지는 일은 끝이 아니라 시작이다. 그러니 시인은 "이제 그만 외로워도/괜찮지 않느냐고" 스스로에게 묻는다. 이 표현은 중의적이다. '그만 외로워하자', '이제 외로워도 좋겠다'는 두 가지 뜻으로 읽힐 수 있는 것이다. 전자는 감상에 빠져 마음이 흔들림을 경계하는 뜻으로, 후자는 '외로움이야 인간의 본래적인 마음이니 좀 외로우면 어떠랴' 하는 뜻으로 읽을 수 있는 것이다. 어느 쪽으로 읽든 사물의 변화에 끌려다니는 협소한 마음에서 벗어나려는 의지로 읽을 수 있다.

"이름 모를 한 잎까지"라는 표현에 눈길이 오래 머문다. 나이가 들었다고, 사회의 어른이 되었다고 다 아는 것은 아니다. 모르는 것을 모른다고 할 때 아름답다. 이만큼의 나이를 먹었어도 세상은 여전히 모르는 채로 남아 있으며 새로 피어나는 나뭇잎은 미래에 속한 것이기 때문에 모르는 채로 두어도 좋겠다. 마치 동양화의 여백처럼 모르는 것으로 남겨두는 그 여유가 화폭을 가득 채운다. "괜찮지 않느냐고 나에게 묻는다"는 단정적이지 않고 조심스러운 표현이다. "마음을 놓아 본다"에서도 같은 맥락의 흐름을 갖는다. 나이 듦이 벼슬도 아니고 달관했거나 도통했다는 증거도 아님을 겸손하게 표현한 것이리라. 순간순간의 일에 마음을 빼앗겨 멀리, 깊게 보지 못했던 시간을 지나 나이 듦에서 얻은 삶과 자연에 대한 통찰이다. 이쯤 되면 나이 들어 늙어 가는 일은 축복에 가깝다는 생각이 든다.

외롭고 심심해진 날에(젊은 날엔 그럴 겨를도 없다가) 시인은 자신의 무릎 뼈를 만져본다. 얇은 살갗 안에 물끄러미 뭉쳐 있는 무릎 뼈는 단단하다. "그렇게 살아온 뼈"다. 함부로 아무 데서나 꿇지 않고, 꿇지 않으려 "억지로라도 일으켜 세운 신뢰"의 표증이다. 단단하게 살아온 뼈, 단단하게 살아온 삶이다. 한 순간도 자존을 잃지 않으려 분투해왔다. 자만이 아니라 자존이다. 시인이 그런 무릎 뼈를 다시 어루만지는 것은 스스로를 향한 위로이자 격려이다. 이후의 삶을 어떻게 살 것인가 모색하는 것이기도 하다.

  무릎 뼈만이 아니라 시인은 자신의 얼굴뼈도 만져본다.

> 시간이 많아진 날에
> 손으로 얼굴을 어루만지다가
> 말랑말랑한 얼굴쯤은 이제 그만두고
> 눈과 코와 이마를 둘러싼 뼈를
> 꾹꾹 눌러 보았다
>
> 들어가고 나온 자리를 따라
> 살 없는 뼈만으로도
> 내 얼굴을 떠올릴 수 있게 되었을 때쯤
> 평생을 아껴온 살보다
> 오늘에서야 만난 뼈가 더 정다워지기도 하고
> 살 붙이지 않은
> 뼈로 이루어진 얼굴이야말로
> 제대로 된 내 얼굴이리라 믿어 보기도 하였다
>
> 시간이 많아진 어느 날에서야
> 나는 드디어 살을 거쳐 뼈에 이르렀는데
> 외롭다는 흔적도 없이 뼈에 머물며

뼈와 함께 깊이 살 수 있게 될 것인지를
오래 생각하였다

―「뼈에 머물며」 전문

　시인은 지금 "드디어 살을 거쳐 뼈에 이르렀는데", "들어가고 나온 자리를 따라/살 없는 뼈만으로도/내 얼굴을 떠올릴 수 있게 되었을 때쯤"에 이르렀다. 나이가 들어가면서 시인은 더욱 야위었다. 얼굴 살도 빠져서 광대뼈가 도드라진다. 여기서 얼굴뼈는 그런 물리적인 것만을 가리키지 않는다. 단순히 나이 듦과 함께 일어난 변화이기보다는 가식의 세계를 다 걷어내고 어떤 본질적인 사유에 머물고 싶다는 의지를 드러낸 환유로 읽힌다. "평생을 아껴온 살보다/오늘에서야 만난 뼈가 더 정다워지기도 하고/살 붙이지 않은/뼈로 이루어진 얼굴이야말로/제대로 된 내 얼굴이리라 믿어 보기도 하"는 것이다. 지난날에 대한 반성의 의미와 함께 앞날에 대한 다짐 같은 것일 것이다. "외롭다는 흔적도 없이 뼈에 머물며/뼈와 함께 깊이 살 수 있게 될 것인지를/오래 생각하였다". 감상에 젖거나 살아온 흔적에 연연하기보다는 본질적인 것과 함께 '깊이' 있는 삶을 추구하겠다는 의지를 표현한 것이리라. 필자가 교단의 후배, 그리고 후배 시인으로서 알고 있는 그는 늘 이런 모습이다. "믿어 보기도" 한다는 표현, "살 수 있게 될 것인지를/오래 생각하였다"는 표현에도 조심스러운 겸손을 잃지 않았다. 의지보다는 모색과 탐색의 의미로 읽어달라는 주문이기도 한 것이다. 뼈만으로도 자신의 얼굴을 떠올릴 수 있고 다정하게 여겨질 수 있다는 점에 있어서는 그 건강한 자존이 새삼 부럽지 아니할 수 없다. 필자는 그것이 시인에게 시와 삶을 지탱해온 힘이기도 하다는 점을 누구보다 잘 알고 있다.

전주 한옥마을에 가면
전동성당이 있고
경기전이 있지
심지어는 동학혁명기념관도 있지
셋이서
조선 안에서 함께 지내지

죽이고 또 죽인 후에도 함께 살고 있지
망할 건 망하고 살아날 건 다시 살아나
노오란 은행잎까지 한 잎 또 한 잎 함께 나누지

우리는 지금 그 길을 나란히 걷고 있지
서로의 어깨에 마음을 기대기도 하지

가을은

조선의 바깥으로까지

길을 낼 수 있기 때문이지

― 「산책」 전문

경기전(慶基殿)은 조선시대 국조인 태조의 어진(임금의 초상화)을 봉안하고 제사 지내던 외방 진전 중의 하나이다. 조선왕조는 종교화된 유교의 이념으로 불교는 물론 훗날 들어온 천주교도 배척하고 박해하였다. 천주교 전동교회는 1791년(정조 15년) 신해박해 당시 천주교 신자였던 윤지충 바오로와 권상연 야고보가 최초로 순교했던 터에 세워진 성당이다. 갑오농민전쟁은 봉건적인 질서 속에서 탐학과 수탈로 죽어가던 농민들이 주축이 되어 일으켰던 혁명운동이다. 그것을 기념하기 위해 전주 한옥마을에는 동학혁명기념관이 자리하고 있다. 셋 모두 조선시대의 일들을 간직하고 오늘에 이르렀다. 시인의 표현을 빌리자면 "셋이서/조선 안에서 함께 지내"고 있다. 지배이념과 종교에 맞지 않는다고 죽였고 지배자들이 만들어놓은 시대 질서를 거슬렀다고 죽였다. 그리고 왕조는 망했다. 그러나 그 자취는 오늘에 남아 박해받았던 그 자리에 성당이 들어서고 혁명 정신을 기리기 위해 기념관이 들어서 있다.

한옥마을이라는 같은 공간 안에 죽고 죽이던 흔적과 자취가 공존하는 것이다. "우리는 지금 그 길을 나란히 걷고 있"으며 " 서로의 어깨에 마음을 기대기도" 한다. 공존하기 어려운 가치들이 격렬하게 충돌하던 시간이 지난 오랜 뒤의 얘기다. '선과 악', '옳다 그르다'의 가치 구분만으로는 설명할 수 없는 풍경을 그려냈다. 거기에는 시간의 흐름이라는 촉매가 작용했음을 부정할 수 없다. 다양한 가치관이 충돌하면서 또 화해하고 공존하면서 세상은 굴러간다. 고정된 가치관과 가치척도를 가지고는, 다시 말하면 시대와 사람에 대한 다름을 인정하는 자세 없이는 "서로의 어깨에 마음을 기대"지 못한다. 이 시 역시 시인의 나이 듦, 늙어감과 관련지어 생각하지 않을 수 없다. 경계를 넘어서는 이 유연성이 피 끓는 젊은 날에 있었다 하더라도 그것이 무르익은 사고 속에서 체현되기까지는 오랜 시간이 필요했을 것이기 때문이다.

  시인이 도달한 지점은 계절로 말하면 가을이다. 가을은 경계의 "바깥으로까지 길을 낼 수 있기 때문"이다. 이번 시집의 곳곳에서 나이 듦을 환기하는 표현을 자주 보게 되는데 '가을'도 여기에 해당된다. 이 시의 제목은 '산책'이다. 시인은 지금 "시간이 시간을 이어가는 호젓한 오솔길" 위를 걷고 있는 것이다. 여기서는 "사소한 것을 가까이에 오도록 허락해보는"(「새해」) 곳이기도 하다. 사소한 것만이 아니라 다른 것, 바라지 아니하였던 것까지도 가까이 오도록 마음을 열어놓고 있는 즈음인 것이다. 역사와 우리 사는 동네를 바라보는 시인의 마음도 노오란 은행잎처럼 다정하고 그윽하다.

'정', 그것도 '다정함'을 빼놓고 난다면 세상은 얼마나 삭막할까? 무한 경쟁과 이전투구와 극도의 이기심으로밖에 설명할 수 없는 우리 사는 동네를 살 만하게 만드는 것은 이 정, 다정함이 아닐까? 시인이 시 속에 그려놓은 인간의 풍경은, 혁명과 사회변혁이 실현된 곳의 궁극적 모습도 그러할 것이라는 생각을 하게 한다.

> 어린 시절 기억을 따라서
> 여시구렁*이 있는 산길을 넘어갔더니
> 국민학교를 다니던 지름길로 넘어갔더니
> 다행히 딱 한 집이 남아 있다
> 다행히 아흔네 살 할머니 홀로 남아 있다
> 다행히 어린 시절 내 얼굴을 기억해 준다
> 채전 밭으로 내 손을 잡고 가서
> 상추며 쑥갓이며 아욱을 뜯어 싸준다
> 한참이나 걸어간 나를
> 굽은 허리로 따라오며 불러서
> 각시가 도시 여자제
> 줄기를 끄너서 버리지 말고 쫑쫑쫑 써러서 끄리라고

당부혀어

다음날 아침상에 아욱국이 올라왔는데

쫑쫑쫑 썰어서 끓였다며

도시 여자가 맞은편에 앉아서 웃는다

이제 내게서 모든 아욱국은 세상을 떠났다

쫑쫑쫑 썬 아욱국만 남고 말았다

* 고향의 낮은 산자락 마을.

―「아욱국」 전문

  정답다 못해 정이 겨울 정도다. 어릴 적 고향 동네엘 찾았더니 "다행히 아흔네 살 할머니 홀로 남아 있다/다행히 어린 시절 내 얼굴을 기억해 준다" '다행히'라는 부사어가 세 번이나 반복된다. '안도'를 나타내는 말이어서 다소 쓸쓸하다. 이제 그것마저 사라진다면 '정'을 느낄 그 아무것도 없을 거라는 불안과 서글픔 끝에 나온 말이기 때문이다. 할머니는 "채전 밭으로 내 손을 잡고 가서/상추며 쑥갓이며 아욱을 뜯어 싸준다." 아울러 당부를 잊지 않는다. 시인이 어린 시절에 고향을 떠나갔으니 도시 여자와 결혼하였을 것임을 기정사실로 하고 잎사귀만 따서 끓일 것이 아니라 아욱 줄기까지 "쫑쫑쫑" 썰어서 끓여야 맛이 난다는 것이다. 친절도 하여라, 다정도 하여라. 상추 몇 줌 아욱 몇 잎이 얼마나 귀해서가 아니라 거기에 딸려오는 그 자상함과 다정함에 시인은 마음이 절절해온다. 아내에게 그 말을 전하고 아내는 그대로 끓였다며 웃어 보이는 것이다. 그 아욱국의 레시피에는 사람의 인정이라는 강력한 감미료가 첨가되어 있다. 그래서 시인에게 모든 아욱국은 세상을 떠나고 그 "쫑쫑쫑" 썰어서 끓인 아욱국만 남은 것이다.

같은 동네 박경원 시인과 함께 가끔 들르는 식당에서 아주머니 사장이 비닐보자기에 상추를 담아 준 일을 두고도 이때의 다정을 기록하고 만다. "밭에서 막 솎아온 것"을 강조하면서 "요새는 이런 상추를 찾을 수가 없어!"하며 상추를 내민다. 이때 상추는 상추가 아니라 좋은 것은 나누고 싶어하는 사람의 마음이다. 값으로 따지면야 얼마나 할까만 그 따뜻한 정을 어찌할 도리 없어 뿌리치지 못하고 여기에 감응하고 만다. 가져가고 싶지 않은 내 생각을 "지긋이 눌러"버리고 시인도 한마디 남긴다 "잘 찾아보면 이런 상추는 가끔 있는데/이런 여자의 마음은 어딜 가도 없는 것 같아" 그리고는 "손가락 끝에 비닐봉지를 걸고 덜렁덜렁 집으로 돌아왔다"

순박하고 꾸밈이 없는 이 할머니와 아주머니의 정은 새로운 그 어떤 것이 아니라 우리가 잃어버리고 또 잊고 사는 그 어떤 것이다. 이 시가 따뜻한 온도로 전해오면서도 한편 쓸쓸하게 다가오는 것은 저 할머니, 아주머니 세대가 가면 회복 불가의 유물이 되고 만다는 것 때문이다. 다행인 것은 시인과 같은 섬세한 촉수를 가진 이가 있어 이렇게 시로써 기록하고 그나마 가느다랗게 유전하게 한다는 것이다. 정으로 가득 찼던 시대의 끝자락에 선 시인으로서 어쩌면 이 작은 사건을 시에 담아야 한다는 책무감을 가졌을지도 모른다. 거대 담론이 미처 다 담아내지 못한 작고 어설프고 하찮은 사물과 사건들이 자꾸만 눈에 밟혀 마음에, 시에 담아 두는지도 모르겠다.

  시인의 시선이 닿는 모든 두두물물(頭頭物物)이 곡진하다. 다정하다. 이 다정함은 다양한 빛으로 분광하고 있다. 시인은 생의 순간 순간에 마주하는 다정의 얼굴을 구체적인 국면을 통해 그려 보여주고 있어 실감으로 다가온다.

  사과를 알뜰히 가꾸는 어떤 농부는 사과를 쥐는 힘에 사과의 연한 살이 움푹 파일까봐 남에게 맡기지 못하고 조심하여 사과를 딴다고 한다. "사과 알을 스치며 손가락의 끝을 느끼는/농사짓는 사람의 정성도 정성이려니와/봄여름가을볕 비바람 아래서/날마다 스스로를 두껍게 하며 살아온 껍질이/끝내는 제 안의 여린 속살을 지킬 수 없었다니/마음이 아려왔다/이런 까닭에/제 손가락의 끝을 걱정하는 어떤 농부의 마음은/사과 알의 곁에 오래 머물게 되었을 테니/나무에서 사과 한 알이 맺히고 떨어지는/이 세상 이란/얼마나 턱없이 눈물겨운 곳이었는지"라고 말한다. 사과를 따는 농부와 사과 한 알에 눈길이 머물며 다정도 병인 양 하여 시인의 마음은 아리고 눈물겹다. (「손가락 끝에 매달린」)

농게장을 먹으면서, 파란 무우잎을 보면서, 연리지를 보면서, 젖을 빠는 어린 강아지들을 보면서, 꽃봉오리에 앉은 잠자리를 보면서, 어린 갯메꽃을 보면서 시인은 발길을 멈춘다. 다시는 못 볼 것처럼 오래 다정한 눈빛을 건네며 다양한 빛깔로 그 다정을 노래한다. 그리하여 시인과 우리 안에 잠들어 있는 연민과 그리움과 애틋함과 사랑과 자존을 불러일으켜 세운다. 시인의 이번 시집은 쓸쓸함과 외로움 혹은 아픔까지도 다정으로 수렴한다. 다정의 변주곡으로 가득한 시집이라 규정해도 좋을 것이다.

꽃봉오리에 잠자리가 앉았다

나비도 아닌 것이 꽃을 탐한다
발을 오므려 각을 세운 채 온 생을 바치듯 하고 있으니
깜짝 놀랄만하다

무엇인가를 끌어안고

이리보고 저리보고 갸웃거리며
　　눈을 빤히 들여다보기도 하다가 혼이 나가버린
　　우리들처럼

　　잠자리는 몰두하고 있다

　　꽃대궁이 길고 가는 탓에
　　잠자리의 사랑은 늘 흔들리고 위태로울 수밖에

　　긴 발에 돋아난 가시마저 세운 채
　　끌어안은 채
　　무엇인가 한결같을 수 있다고 말하려 한다

　　이럴 때의 사랑이란
　　마음을 마주친 눈동자에 있는 것이 아니라
　　와락 움켜쥐고 만
　　잠자리의 발가락에 깃들어 있음이 분명하다
　　　　　　　　　　　　　　　－「사랑」전문

　시인이 이 시집에서 '다정'과 같은 무게와 비중으로 일관되게 변주하고 있는, '사랑'이라는 단어에 주목하지 않을 수 없다. 꽃봉오리에 앉은 잠자리는 "무엇인가를 끌어안고/이리보고 저리보고 갸웃거리며/눈을 빤히 들여다보기도 하다가 혼이 나가버린/우리들처럼" 몰두하고 있다. "발을 오므려 각을 세운 채 온 생을 바치듯 하고" 있다. 그런 잠자리의 행위와 자세를 시인은 사랑이라고 명명하고 있다. 그 사랑은 "마음을 마주친 눈동자에 있는 것이 아니라"고 시인은 말한다. 생애적 사건 앞에서 몰아적 애착을 보인다. 안온한 자리가 아니다. 잠자리가 앉은 위치는 길고 가는 꽃대궁이다. "잠자리의 사랑은 늘 흔들리고 위태로울 수밖에" 없다. 갖은 회의와 위태로움을 감수하고 감내하는 자리에 사랑은 있다. 그렇기 때문에 잠자리는 "긴 발에 돋아난 가시마저 세운 채" 사랑하는 그것을 "끌어안은 채" "한결같은" 그 자세로 무엇인가를 말하고 있다. 시인은 지금 '사랑'에 대해 말하려 하는 것이다. 잠자리가 "와락 움켜쥐고" 있는 그 발가락의 자세에서 사랑을 읽어내는 것이다. 사랑은 "온 생을 바치듯", "혼이 나가버린 것처럼", "한결같은", "와락 움켜쥐고 만" 그런 것이라고 말하는 듯하다. "마음을 마주친 눈동자에" 사랑이 있는 것이 아니다. 사랑은 바투 움켜쥐고 온 생을 바치는 한결같은 자세에 있다.

다정의 부드러운 표정 그 안을 받치고 있는 견고한 사상을 필자는 시인이 말하고자 하는 사랑이라고 읽는다.

일찍감치 눈이 떠진다

나이들어 가면서 생긴 일이다
가까이 있는 생각들을 더 가까이로 당겨 본다
마음이 무거워지는 것은
무엇인가를 너무 오래 품고 있어서일 것이다
저만큼으로 내보내기도 한다
함께 숨 쉬며 살아가는 것들의
상서로울 리 없는 앞날을 들여다보기도 한다
잠 못 드는 일이 꼭 괴롭기만 해서는 안 될 일이기에
괜찮다면서 다독여 보기도 한다
밤은 여전히 깊고 바람 끝은 차가웁다
혹시 산속 어디 깊숙한 곳에서
몇 마리의 늙은 산짐승들이
나처럼 일찌감치 깨어나고 있을까
콧기운을 내쉬며 뒤척이고 있을까
저로부터 비롯한 새끼들과
무릇 함께 숨 쉬며 살아가는 것들의 앞날을
빤히 들여다보고 있을까
어느 웅크린 날의 세 시나 네 시쯤에

─「세 시나 네 시쯤」 전문

"나이 들어 가면서 생긴 일"중의 하나로 일찌감치 눈이 떠지는 것을 꼽을 수 있다. 새벽 세 시나 네 시다. "너무 오래 품고 있는 것들"로 마음이 무겁다. 이제 이쯤에서 내려놓고 싶은 여러 가지 고뇌가 엄습해오는 시간이다. 이때 시인은 "함께 숨 쉬며 살아가는 것들의/상서로울 리 없는 앞날을 들여다보기도 한다." 살아가면서 어찌 상서로운 일들만 있겠는가? 나뿐만 아니라 함께 살아가는 이웃들 그리고 뭇 생명이 겪어야 할 애환과 고통과 슬픔이 마음에 얹히는 것이다. 그러나 "저만큼으로 내보낸다"고 해서 없어질 일들이 아니다. 어떤 사람들에게는 삶이 꽃 피고 새 우는 봄날일 수도 있겠으나 시인에게는 "밤은 여전히 깊고 바람 끝은 차가웁다." 이렇게 춥고 어두운 새벽엔 시인 자신만이 아니라 산짐승마저도 이런 고뇌에서 자유로울 수 없을 거라 상상한다. "몇 마리의 늙은 산짐승들이/나처럼 일찌감치 깨어나고 있을까/콧기운을 내쉬며 뒤척이고 있을까/저로부터 비롯한 새끼들과/무릇 함께 숨 쉬며 살아가는 것들의 앞날을/빤히 들여다보고 있을" 것이라고 생각하는 것이다. 누구나 살아가자면 상서로운 일뿐만 아니라 그렇지 못한 일들을 어쩔 수 없이 삶의 일부로 겪어내야 한다. 그럴 수밖에 없음을 시인은 스스로에게 다독인다. "괜찮다면서" 거기까지가 삶이라고 이른다. 알 수 없는 앞날에 있을 수도 있는 현실적 고통과 슬픔을 예비하고 예견하는, 그리고 그것을 삶의 일부로 수용하고 긍정하려는 자세로 읽힌다. 새벽 세 시나 네 시에 잠이 깨어 우두커니 웅크리고 누워있을 나이가 아니면 얻기 어려운 자세 아닐까? 그래서 "잠 못 드는 일이 꼭 괴롭기만" 한 일도 아닐 수 있는 것이다.

> 장마 끝나고 태풍 두어 개 지나간 뒤
> 건지산* 오송지에 피어난 연꽃
>
> 느즈막에 피어났으니
> 오늘처럼 앳된 얼굴로 늙어 갈 것입니다
>
> 문득 가을바람이 불어와
> 사는 일 쓸쓸한 것을 우연히 알게 된다 하여도
>
> 햇빛은 온 세상에 고루 반짝이며 부서져
> 다시 살아나고 싶은 그런 날입니다
>
> 꽃잎 두어 장이 몸을 뉘어서
> 바람이 드나들도록 제 가슴에 길을 내었습니다
>
> 이럴 때의 꽃잎이란
> 콧김만으로도 흔들리는 여린 잎사귀일 따름이어서
>
> 대견하고 또 대견할 뿐입니다

저 어린 것이

동무도 없이 너른 물결 위에 남아

가을을 맞아들이며 홀로 피었는데

나는 고작 아름답다는 말 말고는

다른 말귀를 떠올리지 못하고 있습니다

　　* 전주 사람들이 자주 가서 걷다가 쉬는 산.

　　　　　　　　　　　　―「여름 끝자리에 핀」 전문

　여름 끝자리이니 가을이라 해도 좋겠다. 시인이 시방 지나가고 있는 인생의 계절이라 해도 좋겠다. 장마 끝나고 태풍 두어 개 지나간 뒤 느즈막에 핀 연꽃을 본다. "느즈막에 피어났으니/오늘처럼 앳된 얼굴로 늙어 갈 것입니다." "문득 가을바람이 불어와/사는 일 쓸쓸한 것을 우연히 알게 된다 하여도//햇빛은 온 세상에 고루 반짝이며 부서져/다시 살아나고 싶은 그런 날입니다" 연꽃에게 하는 말이면서 스스로에게 다짐하는 말이다. "꽃잎 두어 장이 몸을 뉘여서/ 바람이 드나들도록 제 가슴에 길을 내었"다고 한 것은 실제의 풍경이라기보다는 풍경에 덧붙인 시인의 바람이 아닐까. 연꽃의 그 여유와 돌올한 자태에 시인은 "고작 아름답다는 말 말고는/다른 말귀를 떠올리지 못하고 있"다고 말한다. 그러나 꽃에게 그보다 더한 찬사는 없을 것이다. 연꽃을 향한 다정한 눈빛은 돌아와 그렇게 아름답게 "다시 살아나고 싶은" 시인의 염원이 된다. 삶의 지향이 잘 드러난 시라고 하겠다. 이 다정하고 웅숭깊은 염원 앞에서 아름답다는 말 말고는 다른 말귀가 없다.

 나이 든다 해서 아픔과 고뇌와 치욕이 사라지기야 하겠는가? 그런 속에서 삶은 지속될 것이다. 그러나 "아프고 힘든 것이야 여전한 세상이지만/휘어지고 늘어지다가 서로를 감싸고 만/첩첩산중이어서 아름답"다고(「무주에서 장수를 지나 진안 넘어올 때」) 시인은 노래한다. 아픔과 치욕과 고뇌까지가 삶을 이루는 질료임을 수용하고 긍정하는 지점에 이른 것이다. 아름다움은 그것들을 모두 지나, 그것들을 모두 포함하여 아름다움인 것이다. 때로 밑도 끝도 없이 과거의 회한이 가슴을 친다. "아이들을 밤이나 낮이나 보충수업만 시키면 되겠냐고 목소리를 높이던 내가 나를 쫓아낸 학교에 다시 나가서 그해 여름방학 보충수업을 하고 말았다." 이제는 아득해진 해직교사 시절의 얘기다. "행정실 직원은 노란봉투에 수당을 넣어 술 한 병과 함께 집으로 가져왔다. 결국 그날 밤에 내가 취해서 울먹이고 말았는데 아내가 내 방에 와서 내 어깨를 감싸 안아주고 있다가 나갔다. 약력 란의 비어있는 시간에 전교조 해직교사라고 쓸까 말까를 생각하다가 끝내 쓰지 못하는 시대를 쑥스럽게 살아"(「떨리고 말았던 어깨 때문에」)갔다고 시인은 술회하고 있다. 그랬다. 그래서 그 부끄러움의 힘을 희망의 정수박이에 들이붓고 누구보다 치열하고 순결하게 살아왔음을 필자는 잘 알고 있다. 그 치욕과 고뇌와 고통이 없었다면 그는 "첩첩산중이어서 아름답다"고 쓰지 못했을 것이다.

시인은 다시 새벽길에 섰다. 과거는 다시 돌아갈 수 없으니 쓸쓸하고 애틋하고 그립다 할지라도 여기가 최선이고 첫날이고 새롭지 않을 수 없다. 지금 여기는 오직 미래로만 열려있을 뿐이다. "새벽길에 서서/어린 풀잎과 낯익은 곡식의 솜털에 맺힌/맑은 이슬을 본다." 아무리 찬란하였다 할지라도 과거는 과거다. 더구나 그것이 구차한 욕망이었다면 서로를 죽이는 전쟁이었다면 애써 과거를 돌이켜 여기로 데리고 올 일이 없다. 단호한 결별만이 답이다. "집에 있던 어머니를 잊어버린 채/새로운 세상을 향해 달려가고 싶을"(「어머니」)뿐이라는 문장은 그에 대한 비유적 표현이다. 우리의 어머니는 미래에 있다. 새벽길은 "햅쌀이나 햇밤처럼/햇것의 얼굴로 피어나/안길 듯 안길 듯 몸짓하고"(「새벽길」) 있다.

그 새벽길은 어디론가 소멸되고 소실점을 향하여 난 허

무의 길이 아니다. 지쳐서 돌아가는 길이 아니라 새로운 처음으로 돌아오는 새벽길이다.

> 햇빛이 깊어지는가 했더니 숲속까지 환해졌다
>
> 지난해에 내려앉은 잎들은
>
> 나지막이 서로 기대고 있다
>
> 따뜻한 바람이 나보다 먼저 이 길을 간다
>
> 내 발걸음을 맞아들이는 봄 흙
>
> 쓰린 마음이 저 건너에 있어도
>
> 이유 없이 정답다
>
> 세상의 햇빛이 이만하거니
>
> 아픈 것들 아직 땅밑에 있다 해도 무방하겠다
>
> 돌아올 새싹을 기다릴 만하다
> ―「봄 길을 짐작하다」 전문

햇빛이 깊어지는가 했더니 이내 환해진 숲속은 시인의

내면 풍경으로 읽힌다. "지난해에 내려앉은 잎들은/나지막이 서로 기대고 있"다. 아직 새잎이 돋아나기 전 지난 가을 잎이 떨어져 쌓인 숲은 어쩌면 황량하고 쓸쓸하다고 할 수 있다. 그러나 시인의 내면에 비친 자연의 풍경은 쓸쓸하고 허무하다기보다 오히려 "이유 없이 정답다." 한 생이 끝난 다음의 풍경이 정답게 비춰오는 대목이다. 가고 오는 것이 섭리라는 깨달음과 믿음에서 오는 위로가 아닐까? "따뜻한 바람이 나보다 먼저 이 길을" 가고 흙은 내 걸음을 받아들인다. 그렇게 자연은 여여하고 죽음도 두려울 이유가 없다. 까닭 모르게 이 쓸쓸한 풍경이 정답다. 세상의 햇빛은 이만하니 됐다. 헛된 욕망은 부질없으니 여기에 내려놓는다. "아픈 것들 아직 땅밑에 있다 해도 무방하겠다." 이 구절은, '아픔이야 늘 있어 왔던 것, 마음 둔다고 내 가는 길에 아픔 없겠느냐, 그 끝에 새싹은 또 돌아올 것이다.' 하는 긍정과 수용의 발화라 하겠다. 이 거대한 질서에서 비롯한 다정에 무슨 이유가 있겠느냐고 시인은 말한다.

> 산비탈에서 늙은 부부가 추수를 한다
> 콩대를 두드리고 깨를 터는 동안
> 토닥토닥하는 소리가
> 아랫마을까지 퍼져나간다
> 들녘의 가을걷이 저무는 이때가 제격인 것 같다

우리들의 마무리도 누군가의 손길처럼
자근자근 했으면 좋겠다
비스듬히 서로 떨어져 앉은
두 늙은이의 등허리에 내리는 늦은 햇살처럼
별일도 아니란 듯 토닥토닥

―「저물녘」전문

"물 샐 틈 없는 인생"의 노동 앞에서 "물을 줄줄 흘리며 살아온 한 인생"이라고 자책에 가까운 성찰을 하고 있는 교단 선배, 선배 시인이 생의 가을 무렵에 펼쳐놓은 다정의 시 세계에 흠뻑 빠져보는 행운을 얻었음에 감사한다. 추수의 계절이고 저물녘이다. "두 늙은이의 등허리에 내리는 늦은 햇살처럼/별일도 아니란 듯 토닥토닥", 수다스럽지 않게 법석 떨지 않고 조용하게 그렇게 머물다 갈 일이다. 토닥토닥 사람과 사물의 어깨를 두드리며 가을로 깊어가는 시인의 발걸음에 함께 묻어가는 일이 따숩게만 느껴진다.

020	아버지 재치	아버지 시집
021	강풍 폭행	운동회 시집
022	숲에 흐르기	바라기 시집
023	돌을 녹색	문교관 시집
024	마을 촛불	반촛불 시집
025	아저씨나 사랑	조롱박 시집
026	수초 핀 잔	사촌형 시집
027	기린 뿔	오징어 시집
028	풍진	장구월 시집
029	장터달 동요	사양가 시집
030	고장 난 아령	발매기 시집
031	하늘 끝에 머	고기집 시집
032	풍물	이월용 시집
033	하늘에 지은 집	감악산 시집
034	수국	라마송 시집
035	나는 왜 개의 손웅자를 가졌다	공책갈 시집
036	블를 의자왔다	
037	생일빨 감기신	말밭이 시집
038	피의 고향집	미호호 시집
039	사람이 모니	발림에 시집
040	기별아침에 대하여	문숙 시집
041	누구	이익남 시집
042	지천한 조치	남마피 시집
043	미치의 곧은 골수기	남들재 시집
044	골목 뒤는 놀이터	왕홀이 시집
045	하양이 깊이	김영훈 시집
046	옷깃 근옹	조용국 시집
047	비를 짓지 코도	김다미 시집
048	자는 새별	마인웃 시집
049	아침 회사함, 그리아 아시림	뷰리야 시집
050	바닥가기 낙웃들	원다수 시집
051	국수	각좋제 시집
052	나시됄의 자차	경옥호 시집
053	뭐야지 써	김녹창 시집
054	비팀	이호진 시집
055	하리나가 타는 무해	문답 시집
056	여름 환경	고형제 시집
057	꾼는 물등 수수잎이 동화	용함미 시집
058	예언뮴	권공주 시집
059	중부가	장한호 시집
060	웅그리미, 기아이 웅그립다	이미주 시집
061	아마지의 미음	이 리 시집
062	이쁜이 중장	김공한 시집
063	눈는 뫼의 재치	박사활 시집
064	미지의 정화음	나혜린 시집
065	이동균 꿈	이동균 시집
066	막 사진	비체림 시집
067	공장시림	김영기 시집
068	돌음에 이급디임	김이음 시집
069	모쪽 쪽 속에 네곡이	박은팔 시집

예 시 지 진